School Publishing

T0042386

PASEO ENTRE LAS ROCAS

EDICIÓN PATHFINDER

Por Beth Geiger

CONTENIDO

PASEO ENTRE LAS ROCAS

Los Estados Unidos tienen algunas vistas impresionantes: vastas cavernas, torres de roca altísimas y acantilados asombrosos. La mayoría tardó millones de años para formarse. En algunos lugares, un clima distinto al de la actualidad ayudó a crearlos. La lluvia o los glaciares esculpieron la tierra, convirtiendo lugares comunes y corrientes en sitios espectaculares. En otros lugares, volcanes ya extintos desde hace mucho tiempo afectaron el paisaje con su calor. Estas fuerzas ayudaron a crear estos increíbles monumentos naturales de roca.

Exploremos algunas de estas famosas maravillas geológicas.

POR BETH GEIGER

Valle de estrellas

Monument Valley, en Utah, no es solo para estrellas de la roca. Este increíble paisaje se ha utilizado como escenario de docenas de películas. Monument Valley fue formado mayormente por una **roca sedimentaria** llamada arenisca.

La arenisca se formó lentamente, a medida que los ríos, los océanos y el viento esparcieron capas gruesas de arena y otros sedimentos. Luego de millones de años, las capas se endurecieron hasta volverse rocas. Pasaron más millones de años. La arenisca se resquebrajó. La exposición a la intemperie y la erosión fueron desmenuzando las capas.

Ahora, solo quedan delicados pilares y mesetas con laderas escarpadas. Una meseta es una montaña cuya parte superior es plana. Estas formaciones de roca sedimentaria se alzan por todo el desierto.

Maravillas subterráneas

Escondida bajo el desierto de Nuevo México hay una tierra de hadas con amplias cámaras y formas radiantes. Se llama las Cavernas de Carlsbad.

¡La cámara mayor de las Cavernas de Carlsbad es tan grande como 6,2 campos de fútbol americano! Es como un palacio brillante. Las **estalactitas** se ven como colmillos que cuelgan del techo. Hay delicadas formaciones centelleantes llamadas estalactitas fistulosas y nenúfares. La cámara mayor es solo el comienzo. La caverna se extiende mucho más allá.

Como la mayoría de las cuevas, las Cavernas de Carlsbad están formadas de piedra caliza. La piedra caliza también es un tipo de roca sedimentaria. Se disuelve lentamente en ácidos débiles. Cuando las aguas pluviales se filtran a través del suelo, se combinan con dióxido de carbono y forman un ácido débil. En las Cavernas de Carlsbad, el agua ácida ha disuelto la roca. Luego, los minerales disueltos se endurecieron y crearon nuevas formas en nuevos lugares. Así es como nacieron las fantásticas formaciones de las Cavernas de Carlsbad.

Encuentro a medio camino. Las estalactitas se forman desde el techo de una cueva. Las estalagmitas se forman desde el suelo. Forman columnas donde se juntan.

Cuentos de árboles

Los dinosaurios alguna vez merodearon por un exuberante bosque en Arizona. Millones de años después, los troncos del bosque todavía yacen en el suelo. Pero ni se te ocurra buscar madera. ¡Los troncos están hechos de roca! El lugar es ahora el Bosque Petrificado.

En el Bosque Petrificado, la arena y la tierra enterraron los árboles caídos. Las cenizas de volcanes cercanos cubrieron el suelo. La ceniza volcánica está llena de minerales. Estos minerales se disolvieron y filtraron en el suelo. Después de millones de años, los minerales reemplazaron la madera y los troncos se convirtieron en piedra. Cuando la madera se transforma en piedra como esta, se dice que está petrificada.

Volcán invertido

Hay un volcán al revés en el desierto de Nuevo México. Algunas personas pensaban que se veía como un antiguo barco rotoso. Por eso llamaron a esta pila de **roca ígnea** Ship Rock (Roca barco).

Ship Rock no siempre sobresalió por encima de la superficie. Alguna vez estuvo bajo tierra. Era un tubo lleno de roca derretida llamada **magma**. Un volcán se elevó por encima del tubo. Entonces, hace unos 30 millones de años… ¡bum! El magma del tubo explotó desde el volcán.

Luego, el magma que quedaba en el tubo se endureció hasta volverse roca. Lentamente, toda la roca y tierra alrededor de él desaparecieron. Pero el magma no desapareció. El tubo quedó erguido de pie, apuntando al cielo.

Torre alta. Ship Rock mide 600 metros (1700 pies) de altura.

Cosa dura

Grandes olas chocan contra los acantilados en el Parque Nacional Acadia, Maine. Las olas suenan como truenos cuando chocan contra la costa. El agua sale despedida por el aire.

Los acantilados de Acadia están hechos de granito, una roca ígnea. Como todas las rocas ígneas, el granito comienza siendo roca derretida. El granito se enfría a gran profundidad y muy lentamente. Eso lo ayuda a endurecerse mucho. Muchos acantilados pronunciados están hechos de este tipo extra duro de roca ígnea.

El granito de Acadia ha pasado por muchas cosas. Formó una cordillera de montañas elevadas. Luego, la erosión desgastó las montañas y las hizo más pequeñas. Después, el granito quedó cubierto por un glaciar. Las rocas y el hielo pulieron el granito de Acadia hasta que quedó liso. Lo moldearon como un laberinto de acantilados, crestas una de las costas más bellas que existen.

Vocabulario

estalactita: formación que se extiende desde el techo de una cueva

glaciar: gran masa de hielo en movimiento

magma: roca derretida a gran profundidad

roca ígnea: roca formada a partir de roca derretida

roca sedimentaria: formada por pedazos pequeños

RECETAS GENIALES

La galleta de avena y pasas es solamente un tipo de galleta. Cada roca que se muestra es también un tipo de roca sedimentaria, ígnea o metamórfica.

Galletas de avena y pasas

Estas galletas de avena y pasas están hechas de distintas cosas, al igual que las rocas.

Azúcar (demasiado pequeña para verla)

Avena

Harina (demasiado pequeña para verla)

Pasa

Roca sedimentaria

La roca conglomerada es un tipo de roca sedimentaria. Está formada por trocitos y pedazos de otras rocas.

Pedazo grande de roca

Pedazo pequeño de roca

Mineral dentro de un pedazo de roca

Roca ígnea

El granito es un tipo de roca ígnea. La roca se forma a partir de minerales entrelazados entre sí.

Cuarzo blanco/gris

Feldespato rosado

Roca metamórfica

El esquisto es un tipo de roca metamórfica. Las franjas y los dobleces en la roca se formaron a partir de la presión y el calor.

Granate rojo

Clorito verde

¡ESTAMPIDA!

"¡Oro!", pensó el carpintero John Marshall. Acababa de ver algo brillando en un riachuelo en Sutter's Mill, California. Como era de esperar, las hojuelas amarillas eran oro.

Era el 24 de enero de 1848. Para marzo, las noticias habían corrido como reguero de pólvora. ¡ORO! La gente llegó a California de todas partes del mundo. ¡Había empezado la gran Fiebre del Oro!

Los del 49

Muchos de los buscadores de oro llegaron en 1849. Así que se les apodó los del 49. Muchos de ellos encontraron lo que estaban buscando. Se encontraron pepitas y hojuelas de oro en los riachuelos de todo California. Algunos trozos de oro eran muy pequeños. Otros eran tan grandes como tu puño… o incluso más.

El descubrimiento de Marshall cambió a California para siempre. La gente llegó por el oro. Y luego se quedó.

Ciudades doradas. Las ciudades como San Francisco crecieron a consecuencia de la Fiebre del Oro.

El tesoro de la Sierra Nevada

El oro de los arroyos de California provino del granito. El granito empezó como roca derretida llamada magma. Estaba a gran profundidad. Los líquidos calientes se mezclaron con el magma. A medida que el magma y los líquidos se enfriaron, se formaron minerales y metales. Uno de esos metales fue el oro. No todo el granito contiene oro. Pero este granito tenía bastante.

Gradualmente, las rocas que cubrían el granito enfriado desaparecieron. El granito quedó expuesto. Formó una alta cordillera, las montañas de la Sierra Nevada.

El paso de millones de años, la lluvia, el viento y el hielo empezaron a desmenuzar el granito. Los arroyos se llevaron consigo pedazos de roca que fluían desde la Sierra Nevada. Pasó lo mismo con el oro.

Montañas de la Sierra Nevada

Explotando el oro. La gente probablemente encontró oro como este en Coloma, California. Allí es donde se descubrieron los primeros rastros de oro.

No es roca común y corriente

Con el tiempo, el desgaste mueve las rocas comunes y corrientes más y más lejos de su fuente original. Las rocas se rompen en pedazos más y más pequeños. Gradualmente, pueden molerse y terminar como arena.

Pero el oro es diferente. En primer lugar, es más pesado que la mayoría de las rocas. Se asienta más rápidamente en el fondo de los riachuelos. Las pepitas de oro grandes no se alejan mucho río abajo. Además, el oro no se despedaza mucho. Las hojuelas y pepitas permanecen completas.

Mientras que otras rocas de las montañas eran llevadas hacia el mar, el oro se depositaba en los riachuelos de California. Se quedaba atrapado en ranuras. El oro se acumuló durante millones de años.

Duro y trabajoso

Para obtener el oro, los del 49 tenían que separarlo de la grava del arroyo. Primero, sacaban con una pala la grava y la agitaban en bandejas. Luego, hacían correr agua sobre la bandeja para que saliera la grava. El material pesado se asentaba. Y ese era el oro.

La minería era un duro trabajo. La mayoría de los mineros nunca se hizo rica. Ciertamente, muchos encontraron oro. Pero sus ahorros desaparecieron rápidamente. Los alimentos y suministros que necesitaban costaban una fortuna. De hecho, ¡la gente que vendía los suministros a los mineros fue la que se volvió rica!

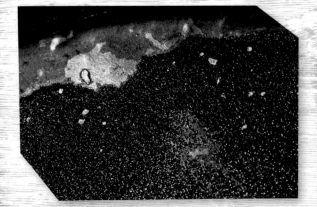

Limpieza. Cuando quitas las rocas y tierra con agua, queda el oro pesado.

Metal precioso. Los collares como estos están hechos de oro.

Bueno como el oro

El oro tiene cierta magia. La gente ha atesorado el oro por miles de años.

¿Pero por qué es tan genial el oro? En primer lugar, es raro. Eso lo hace valioso. El oro es más blando que otros metales. Eso permite que sea fácil moldearlo para hacer joyas y monedas. El oro no se mancha ni oxida. Permanece brillante.

El oro todavía es precioso hoy en día. También es útil. Se usa incluso en las computadoras.

¿Aún sigues allí?

La Fiebre del Oro de California finalizo hacia el año 1855. La mayoría del oro fácil de encontrar había desaparecido. Los del 49 se marcharon a otra parte. Llegaron las compañías mineras. Excavaron más profundamente en el granito para encontrar más oro.

Las montañas de la Sierra Nevada aún no se han desgastado. Todavía son altas y bellas. Hay senderos que nos guían hacia valles agrestes y rocosos. Los lagos resplandecen bajo acantilados de granito. ¿Todavía hay oro en parte del granito? ¡Naturalmente!

11

PASEO ENTRE LAS ROCAS

Responde estas preguntas geniales para ver lo que has aprendido sobre las rocas.

1 ¿Por qué crees que muchas de las mesetas de Monument Valley tienen partes superiores planas?

2 ¿Cómo se forma la roca ígnea?

3 ¿Por qué es tan duro el granito?

4 ¿Cómo llegó el oro a los arroyos cercanos a las montañas?

5 ¿Por qué se hunde el oro al fondo de los arroyos?